Die gute Hand deines Gottes
möge immer auf dir ruhen,
sein Licht möge dir leuchten,
wo immer du gehst.

Irischer Segenswunsch

Reinhard Abeln

Gott lädt dich ein

Das Erinnerungsalbum zur Erstkommunion

benno

»Ihr seid meine Freunde«

Kurz vor seinem Tod lud Jesus seine Jünger in Jerusalem zu einem Festmahl ein. Er aß mit ihnen Brot und trank mit ihnen Wein. So zeigte er ihnen: Ihr seid meine Freunde. Und Freunde gehören zusammen. Zunächst gab Jesus seinen Jüngern das Brot. Dabei sagte er ihnen: »Esst alle davon! Ich habe euch durch mein Leben gezeigt, dass Gott jeden Menschen liebt. Immer wenn ihr das Brot miteinander teilt, wird es euch daran erinnern.« Dann gab Jesus seinen Jüngern den Kelch mit Wein und sagte: »Trinkt alle daraus! Ich bin da für euch. Ihr könnt euch auf mich verlassen. Ich bleibe bei euch. Erinnert euch daran, wenn ihr zusammenkommt!«

*Nach dem Lukasevangelium
22,14–23*

Ich bin eingeladen

Gott hat mich eingeladen,
weil er die Liebe ist.
Ich folge seinem Rufe.
Ich bin getauft, bin Christ.

Gott ist mein guter Vater,
ich sein geliebtes Kind.
Ich hör auf seine Worte,
dass ich durchs Leben find.

Gott hat mich eingeladen.
Er schenkt mir Jesus Christ,
der Führer, Freund, Begleiter
und Vorbild für mich ist.

Überliefert

Mit Jesus feiern

Überall auf der Welt versammeln sich Christen, um das heilige Mahl mit Jesus zu feiern:

> in den Urwäldern des Amazonas
> in den Eiswüsten Sibiriens
> in den Wolkenkratzern Amerikas
> in den Iglus der Eskimos
> im afrikanischen Busch
> in den europäischen Großstädten
> in Krankenzimmern und Gefängnissen …

Auch mit uns will Jesus Mahl halten. Er wartet jeden Sonntag in der Kirche auf uns, dass wir seinen Auftrag erfüllen: »Tut dies zu meinem Gedächtnis!«
Jesus sagt seinen Jüngern und uns: »Wo zwei oder drei in meinem Namen versammelt sind, da bin ich mitten unter ihnen« (Matthäus 18,20).

»Lasst uns miteinander«

Text und Melodie: mündlich überliefert

Jesus, du bist mein Freund

Jesus,
das sage ich mir jeden Tag:
Du bist mein Freund.

Das sage ich mir,
wenn ich durch das Dunkel gehe:
Du bist mein Freund.

Das sage ich mir,
wenn die Sonne brennt:
Du bist mein Freund.

Das sage ich mir,
wenn ich froh und glücklich bin:
Du bist mein Freund.

Das sage ich mir,
wenn ich traurig und krank bin:
Du bist mein Freund.

Das sage ich mir
heute, morgen und übermorgen:
Du bist mein Freund.

Überliefert

»Wir schauen uns an«

Eine überlieferte Geschichte erzählt: Der Pfarrer von Ars – Jean-Baptiste-Marie Vianney (1786–1859) – ging eines Tages in seine Kirche und sah dort einen einfachen Bauern knien. Er dachte sich nichts dabei. So viele Menschen kamen jeden Tag in seine Kirche, um Jesus von ihren Sorgen zu erzählen.
Als er aber nach einer Stunde wieder in die Kirche kam und den Bauern immer noch knien sah, ging er auf ihn zu und fragte ihn: »Sag mal, was sagst du Jesus da eigentlich die ganze Zeit?« Darauf entgegnete der Bauer ihm nur: »Eigentlich gar nichts, Herr Pfarrer.« Auf den Tabernakel deutend, fuhr er fort: »Ich schaue ihn an – und er schaut mich an.«

Das große Geheimnis

Zu einem Priester kam ein Mann, der sich über den Glauben lustig machen wollte, und fragte: »Wie kann denn in so einer kleinen Hostie der ganze Jesus zugegen sein?«

Der Priester gab ihm die Antwort: »Eine Landschaft, die vor dir liegt, ist so groß und dein Auge doch so klein. Und doch ist das Bild der großen Landschaft in deinem Auge. Warum soll es denn nicht möglich sein, dass in der kleinen Brotsgestalt der ganze Jesus zugegen ist?«

Der Mann gab sich noch nicht geschlagen und fragte weiter: »Wie kann derselbe Jesus gleichzeitig in den Hunderttausenden von Kirchen auf der Welt zugegen sein?«

Da nahm der Priester einen Spiegel und ließ den Fragenden hineinschauen. Dann warf er den Spiegel zu Boden und sagte: »Auch in jedem einzelnen Stückchen kannst du dein Bild jetzt gleichzeitig sehen!«

Nach dieser Antwort schwieg der Mann und stellte keine weiteren Fragen mehr. Es ist ein großes Geheimnis, dass Jesus für uns überall – hundertfach, tausendfach – gegenwärtig ist.

Jesus hat nur unsere Hände

Nach dem letzten Krieg fand man unter Kirchentrümmern die Figur des gekreuzigten Jesus – mit abgeschlagenen Beinen und Armen. Jemand heftete später ein Gebet aus dem 14. Jahrhundert daran:

Christus hat keine Hände,
nur unsere Hände,
um seine Arbeit heute zu tun.
Christus hat keine Füße,
nur unsere Füße,
um Menschen auf seinen Weg zu führen.
Christus hat keine Lippen,
nur unsere Lippen,
um Menschen von ihm zu erzählen.
Christus hat keine Hilfe,
nur unsere Hilfe,
um Menschen an seine Seite zu bringen.

Der Herr ist mein Hirte

Der Herr ist mein Hirte,
nichts wird mir fehlen.
Er lässt mich lagern auf grünen Wiesen
und führt mich zum Ruheplatz am Wasser.

Er sorgt für mich
und zeigt mir den rechten Weg,
treu, wie er ist.
Ist es auch dunkel um mich,
ich fürchte mich nicht,
denn du bist bei mir
und gibst mir Zuversicht.

Du deckst mir den Tisch reich
mit Gaben.
Deine Güte begleitet mein Leben.
Bei dir kann ich bleiben für immer.

Nach Psalm 23

Dieses alte Gebet macht Mut. Jesus kümmert sich um uns und lässt uns nicht allein. Er begleitet uns auf unserem Weg und führt uns zum Ziel unseres Lebens.

Zu Jesus unterwegs

Herr,
wenn wir das Brot
teilen,
wenn wir die Schwachen
stützen,
wenn wir die Verfolgten
beschützen –
sind wir unterwegs
zu dir.

Aus Lateinamerika

Mutter Teresas große Liebe

Von Mutter Teresa wird Folgendes erzählt: Die große Ordensfrau aus Kalkutta (Indien) hatte in einer Kirche einen Vortrag gehalten. Danach wurde ihr zum Dank ein Blumenstrauß überreicht.

Zunächst stand sie einen Augenblick unbeholfen da. Dann ging sie zum Altar, verneigte sich tief und legte den Blumenstrauß vor den Tabernakel nieder. Denn Jesus im Altarssakrament war ihre große Liebe.

Täglich verbrachte Mutter Teresa mit ihren Schwestern drei bis vier Stunden vor Jesus Christus in der Gestalt des Brotes.

Dann suchten sie ihn beim Gang durch die Straßen der Stadt Kalkutta in den ausgesetzten Kindern und im Leib der Sterbenden und Unerwünschten.

Gebet vor der Kommunion

Du, Herr Jesus, bist uns nah
im heiligen Brot auf dem Altar.
In unser offnes Herz kehr ein,
dann dürfen wir dein Eigen sein.
Der ganze Tag wird froh und gut,
weil reicher Segen auf ihm ruht.

Überliefert

»Nehmet und esset!«

Lieber Jesus,
ich freue mich,
dass ich dein Freund sein darf.
Du liebst mich und bist für mich da.
Du gibst mir deinen Frieden.
Dafür danke ich dir.
Und nun lädst du mich sogar ein,
zu dir zu kommen.
Du willst mir
das Brot des Lebens schenken.
Wie damals zu den Jüngern
sagst du auch heute zu uns:
»Nehmet und esset!«
Das macht mich ganz froh.
Amen.

Jesus liebt verschwenderisch

Jesus ist mit seinen Jüngern im Himmel versammelt, um mit ihnen das ewige Gastmahl zu feiern. Alle haben Platz genommen, aber Jesus lässt noch einen Stuhl dazustellen und wartet noch, bis die Tür aufgeht und Judas hereinkommt, Judas, der ihn verraten hat. Und Jesus geht auf ihn zu und sagt zu ihm: »Komm, mein Freund! Ich habe auf dich gewartet! Jetzt kann das Mahl beginnen.«

Nach einer mittelalterlichen Legende

Jesus segnet die Kinder

Eines Tages kamen einige Eltern mit ihren Kindern zu Jesus. Sie wollten ihn bitten, ihren Mädchen und Jungen die Hände aufzulegen und über sie zu beten. Als die Jünger die Leute sahen, ärgerten sie sich. Sie dachten, Jesus habe Wichtigeres zu tun, als sich um Kinder zu kümmern, und sie wollten die Leute fortschicken. Doch Jesus dachte anders. Er sagte zu den Jüngern: »Lasst die Kinder zu mir kommen und verbietet es ihnen nicht! Ihnen gehört das Reich Gottes!«
Danach nahm Jesus die Kinder in die Arme. Er legte ihnen die Hände auf den Kopf und segnete sie.

Nach dem Markusevangelium 10,13–16

Lieber Jesus,
nimm auch mich zärtlich
in deine Arme!
Segne und beschütze mich!
Sei jeden Tag für mich da!

Zum Schmunzeln

Im Religionsunterricht will der Pfarrer den Kindern das Christus-Zeichen erklären. Er malt also das P an die Tafel. (Ein P unseres Alphabets bedeutet in griechischer Schrift ein R.) Dann sagt er: »Dieses Zeichen habt ihr bestimmt schon irgendwo gesehen. Wer kann mir sagen, was es bedeutet?« Sofort fliegen die Finger hoch und wie im Chor rufen die Kinder: »Parkverbot!«

In der Erstkommunionklasse fragt der Pfarrer: »Nun, Anja, warst du diesmal am Sonntag in der Kirche?« »Nein«, bekennt das Mädchen, »ich bin im Bett liegen geblieben, aber ich habe ganz fest gebetet: ›Jesus, Jesus, komm zu mir!‹«

Am Abend eines anstrengenden Schultages betet Erstkommunikant Sven: »Lieber Jesus, mach aus mir einen klugen Jungen! Mein Lehrer schafft das nie!«

Segensgebet

Guter und lieber Jesus,
halte deine schützenden Arme
um mich!
Schenke mir ein offenes, frohes Herz!
Tröste mich, wenn ich traurig bin!
Hilf mir, wieder aufzustehen,
wenn ich gefallen bin!
Zeige mir den rechten Weg!
Bewahre mich vor bösen Menschen!
Lass mich spüren,
dass du mein Freund bist!
Amen.

Herr, segne mich

Herr, sei vor mir,
um mir den rechten Weg zu zeigen.
Herr, sei neben mir,
um mich in die Arme zu schließen
und mich zu schützen.
Herr, sei hinter mir,
um mich zu bewahren.

Herr, sei unter mir,
um mich aufzufangen, wenn ich falle.
Herr, sei in mir,
um mich zu trösten, wenn ich traurig bin.
Herr, sei über mir,
um mich zu segnen.
Es segne mich der gütige Gott.
Amen.

Meine Erstkommunion

Am _____ habe ich

in der Kirche _____

zum ersten Mal die heilige Kommunion empfangen.

Diese Kinder haben mit mir die Erstkommunion gefeiert:

Platz für Foto

Sie heißen:

Meine Gäste

Meine Erstkommunion haben mit mir zusammen gefeiert:

Gute Wünsche meiner Gäste

Bitte deine Gäste, auf dieser Seite einen Wunsch, einen Gedanken oder ein gutes Wort für dich aufzuschreiben.

Die schönsten Fotos von meinem Fest

Bibliografische Information der Deutschen Nationalbibliothek
Die Deutsche Nationalbibliothek verzeichnet diese Publikation in der
Deutschen Nationalbibliografie; detaillierte bibliografische Daten sind
im Internet über http://dnb.d-nb.de abrufbar.

Besuchen Sie uns im Internet:
www.st-benno.de

Gern informieren wir Sie unverbindlich und aktuell auch in unserem
Newsletter zum Verlagsprogramm, zu Neuerscheinungen und Aktionen.
Einfach anmelden unter www.st-benno.de.

ISBN 3-7462-3785-5

© St. Benno-Verlag GmbH, Leipzig
Umschlaggestaltung: Ulrike Vetter, Leipzig
Illustrationen: Ursula Harper, München
Notensatz: Annegret Kokschal, Leipzig
Gesamtherstellung: Arnold & Domnick, Leipzig (B)